LÍVIA BRASIL
CONTEÚDO PERFEITO

CB072805

Ore Confie & Espere

GRATIDÃO

A sua parte É VOCÊ QUEM FAZ

1% MELHOR A CADA DIA

Não temas>

GRATIDÃO

Imparável

Só perde QUEM DESISTE

Não temas>

GRATIDÃO

Imparável

DEUS É BOM O TEMPO TODO

QUEM COMPARA PARA, QUEM ADMIRA MIRA

Imparável

Não se distraia, **VOCÊ TEM UM SONHO**

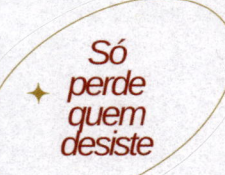

LÍVIA BRASIL
CONTEÚDO PERFEITO

São Paulo, 2024

Este MANUAL
pertence a...

_____

 _____

É hora de colocar sua VOZ no mundo e INSPIRAR *as pessoas.*

Vamos juntas?

Boas-Vindas

Seja bem-vinda ao Planner Conteúdo Perfeito.

Eu sou Lívia Brasil, e é uma honra saber que este planner chegou nas suas mãos.

Um dia, Deus me entregou uma semente, e essa semente mudaria a minha realidade e a de outras milhares de pessoas, mas naquela época eu nem imaginava.

Vim de uma família humilde do Ceará e conquistei uma renda multimilionária por meio das redes sociais bem antes dos meus 30 anos. Com mais de 80 mil clientes ao redor do mundo, fiz palestras pelo Brasil, Estados Unidos e Portugal e fiz os perfis dos meus alunos crescerem milhões de seguidores mundo afora.

Eu sou uma pessoa comum assim como você, ninguém dava nada por mim, e não eu achei que seria capaz de conquistar tanto.

E isso só foi possível por ter decidido acreditar, plantar e regar todos os dias a semente que Deus colocou no meu coração há muitos anos.

Você não está lendo isso por acaso, Deus também plantou um sonho no seu coração!

Sabe aquele sonho que faz o seu coração bater mais forte e que você acha que não é possível para você? Ele mesmo!

Posso te garantir que se você decidir regá-lo todos os dias, você vai ver ele crescer e dar incontáveis frutos que vão impactar muitas outras vidas por aí.

A partir de agora, eu vou te dar as ferramentas necessárias para sua semente florescer, vamos lá...

Quem é LÍVIA?

Eu era uma garota tímida, com poucos amigos, não achava que tinha algum diferencial e muito menos que me tornaria uma mulher milionária um dia.

Mesmo tímida, quando comecei a mostrar o que eu sabia e quem eu era por meio do Instagram, pude me conectar com pessoas que nunca imaginei antes. E vi que essa é uma ferramenta poderosa que, se bem utilizada, pode transformar a vida de qualquer pessoa!

Foram dez anos de muito estudo, erros, acertos e tentativas até criar o método de crescimento C.R.I.E.I., o qual me levou a alcançar mais de 3 milhões de seguidores em minhas redes sociais.

Fui publicada pela *Forbes* como uma das 10 maiores influenciadoras do Brasil que mais influenciam outros influenciadores, porque com a minha metodologia imparável, eu consigo transformar qualquer perfil, seja pessoal ou empresarial, em um perfil de sucesso.

Trabalhei produzindo conteúdo para diversas marcas nacionais e internacionais que admiro como **Tommy Hilfiger®, Vivara®, C&A®, Riachuelo®, Intimus®, Ifood®, Coca-Cola®, MAC Cosmetics®, Givenchy®, Adobe Lightroom®, Picsart®, Seara®, Uber® e muitas outras.**

Realizei o sonho de fazer mais de 30 viagens internacionais em quatro continentes diferentes por intermédio do Instagram® e experimentei o poder de transformação e de alcance que só a internet pode proporcionar.

Hoje, meu método *já ajudou mais de 20 mil mulheres a encontrar o seu diferencial*, a atingir mais pessoas e a fazer a rede social ser a sua fonte de monetização, *faturando de 5 mil a mais de 1 milhão de reais*, aplicando a metodologia imparável.

Manifesto Imparável

Ela é imparável, ela não se cansa
De lutar pelos seus sonhos,

Ela é imparável, ela não se rende
Às dificuldades, às críticas, às pedras.

Ela é imparável, ela não se limita
Ela se reinventa e se desafia,

Ela é imparável, ela não se conforma
Ela se transforma, se aprimora, se reforma.

Ela é imparável, ela não se isola.
Ela se conecta, se comunica,

Ela é imparável, ela não se esconde
Ela se expõe e divulga seu trabalho.

Ela é imparável, ela não se desvaloriza
Ela cobra o que merece

Ela é imparável, ela não se desespera
Ela espera, se diverte e se fortalece.

Ela é imparável, ela é mulher
Ela é guerreira, ela é poder

Ela é imparável, ela é você
Ela é inspiração, ela é luz, ela é fé.

Introdução

Você sabe qual é uma das principais diferenças entre uma pessoa que ganha R$ 5 mil por mês de outra da mesma área que ganha milhões de reais por mês?

Você pode até achar que é a qualidade do trabalho, os anos de experiência ou até mesmo sorte, mas não é só isso.

Antes, o acesso à informação, aos profissionais, às empresas era bem mais escasso e, muitas vezes, se restringia apenas àquelas pessoas do seu círculo de amizade, da sua cidade ou região.

Hoje, com esse boom que a internet proporcionou, o acesso se tornou infinitamente maior e, em todas as áreas, quem se destaca da concorrência nem sempre é o melhor, e sim quem consegue *mostrar para os outros que é o melhor e ser bem reconhecido na sua área.*

Não adianta você ter feito vários cursos e ter muito conhecimento se você não consegue mostrar para os seus seguidores e clientes o valor do que você sabe fazer e o quanto você é bom nisso.

Sendo assim, estar nas redes sociais, hoje, é uma necessidade e abre muitas portas para todas as profissões, seja cabeleireira, advogada, médica, influencer, confeiteira, manicure etc., para empresas e até mesmo quem não tem uma profissão formal, mas que consegue usar a internet para disseminar as suas habilidades, experiências e conhecimento.

É sua responsabilidade mostrar para o mundo o que você faz de melhor, porque se você se esconder, outra pessoa, que não sabe metade do que você sabe fazer, vai ganhar os clientes, seguidores e faturamento que deveriam ser seus.

E eu, LÍVIA BRASIL

Vou te ajudar a criar um conteúdo que chama atenção das pessoas certas, para ser **RECONHECIDA** e se tornar **REFERÊNCIA** da sua área.

Você vai aprender a *mostrar o seu valor, gerar desejo e interesse* pelo o que fala e vende na internet.

Depois disso, *faturar e viver do que você ama*, vai ser só uma questão de tempo, prática e consistência.

Vamos começar os seus primeiros passos *como imparável?*

Ningúem questiona
O PREÇO

quando entende
O VALOR

Ninguém sabe o que
VOCÊ FAZ

até que você
COMUNIQUE

Quadro dos Sonhos

*"Se você não sabe aonde quer chegar,
qualquer caminho serve."*

LEWIS CARROL,
Alice no País das Maravilhas

Por que fazer o Quadro dos Sonhos?

Esse é o momento de ter clareza sobre os seus objetivos.

Criar o seu Quadro dos Sonhos vai te ajudar a definir aonde você quer chegar para que possamos, juntas, escolher o melhor caminho para alcançar mais rápido os resultados que você deseja.

Esta é uma atividade fácil, divertida e muito útil para os seus próximos passos. não a ignore! Faça com calma e dedicação.

Siga as instruções a seguir:

01 | **Crie uma lista de sonhos que você gostaria de alcançar nas 6 áreas:** Profissional, Financeira, Relacionamento, Saúde, Espiritual, Redes Sociais.

02 | **Colete belas imagens** que inspiram você e estejam alinhadas com seus sonhos e faça uma montagem.

03 | **Escreva palavras ou frases** que descrevam os sonhos que deseja atingir.

04 | **Reserve alguns momentos** todos os dias para contemplar seu Quadro dos Sonhos.

Escreva tudo o que você DESEJA *para a sua vida*

Crie uma lista de sonhos que você gostaria de alcançar nas 6 áreas: **Profissional, Financeira, Relacionamento, Saúde, Espiritual e Redes Sociais.**

PROFISSIONAL

FINANCEIRA

RELACIONAMENTOS

SAÚDE

ESPIRITUAL

REDES SOCIAIS

Cole imagens que representem os seus sonhos aqui

Cole imagens que representem os seus sonhos aqui

Defina sua estratégia de crescimento IMPARÁVEL

PASSO 1 — *Ative sua mentalidade Imparável*

PASSO 2 — *Defina o seu Nicho*

PASSO 3 — *Descubra as Dores e Desejos do seu público*

PASSO 4 — *Crie sua frase de Transformação*

PASSO 5 — *Estruture o topo do seu Perfil*

PASSO 6 — *Crie seus Destaques essenciais*

PASSO 7 — *Cresça e engaje com o método C.R.I.E.I.*

PASSO 8 — *Organize sua Produção de Conteúdo*

Passo 1

Ative sua mentalidade IMPARÁVEL

O nosso primeiro passo é justamente ativar a sua mentalidade imparável, mas você sabe o que é ser imparável?

Deixa eu te contar a minha definição de Imparável que inspirou a construção desse movimento que transforma a vida de tantas mulheres e suas famílias e que nasceu da minha própria história.

Ser uma mulher imparável é não deixar que nada te segure. Nem circunstâncias, nem pessoas, nem dificuldades. Imagina todas as pedras que aparecem no seu caminho... Uma mulher imparável pega essas pedras e constrói o seu império. Ela não se compara com outras mulheres, porque está focada em ser a melhor versão de si mesma, todos os dias.

> **O sucesso de uma mulher imparável depende dela mesma e do quanto ela acredita em si, mesmo quando ninguém mais acredita.**

Desenvolver a sua mentalidade é superimportante. As estratégias e ferramentas que você vai aprender nos próximos passos só vão funcionar se você estiver realmente decidida a fazer acontecer.

E saiba que existirão momentos de altos e baixos, porém o que mais importa é você encarar esses momentos de dificuldades como fases necessárias para se tornar mais forte e não desistir.

No entanto, para se manter firme, você precisa saber aonde quer chegar e o que precisa ser feito para isso. Então, nós vamos juntas definir as suas metas e saber como identificar se você está no caminho certo, rastreando os seus resultados.

Defina suas METAS

O maior erro das pessoas é só focar em ganhar seguidores e ter mais visualizações; aí, quando os resultados não vem rápido, acaba se desmotivando e desiste.

O grande diferencial dos perfis de sucesso é focar em melhorar a qualidade do seu trabalho ao mesmo tempo que aumenta a quantidade e constância.

> *Se você focar em ser 1% melhor a cada dia, os resultados vão vir naturalmente. Então, em vez de focar nos resultados, você vai focar nas suas tarefas diárias.*

E esse espaço é para você definir as suas metas iniciais e ter clareza do que precisa fazer para alcançá-las.

Para te ajudar nesse processo, sugiro que divida as metas em curto (1 mês), médio (6 meses) e longo prazo (1 ano).

Aqui você tem alguns exemplos de metas importantes a serem alcançadas, mas você pode criar as suas próprias metas de acordo com os seus objetivos. Pense em quais metas seriam mais importantes para você e para o seu crescimento.

Quantidade de Posts

	CURTO (1 MÊS)	MÉDIO (6 MESES)	LONGO (1 ANO)
Exemplo	3 posts por semana	1 post por dia	10 posts por semana
Suas metas			

Quantidade de Stories

CURTO (1 MÊS)	MÉDIO (6 MESES)	LONGO (1 ANO)
Exemplo: Todos os dias	9 stories por dia	20 stories
Suas metas:		

Número de Seguidores

CURTO (1 MÊS)	MÉDIO (6 MESES)	LONGO (1 ANO)
Exemplo: Aumentar 900	Alcançar 2K	Alcançar 10K
Suas metas:		

Faturamento

CURTO (1 MÊS)	MÉDIO (6 MESES)	LONGO (1 ANO)
Exemplo: Lucrar 3K	Lucrar 10K	Lucrar 20K
Suas metas:		

Rastreie seu CRESCIMENTO

Da mesma forma que é importante ter metas, também é essencial que você rastreie o seu crescimento, para assim identificar se está no caminho certo e se precisa mudar algo no seu planejamento.

Então, crie o hábito de anotar os seus números! Só assim você conseguirá ver se as coisas estão acontecendo como o planejado ou se você pode ser mais audaciosa nas suas metas, ou se precisa ser um pouco mais paciente e estipular metas um pouco menores.

Preencha a tabela com os seus dados atuais e no decorrer do planner terão as mesmas informações para que você preencha com as informações atualizadas e formar um histórico do crescimento do seu perfil.

Momento Inicial

Data:			
Número de Seguidores:			
Total de Views:			
Número de Stories por dia:			
View Stories / média			
Número de posts por semana:			
Novos Seguidores:			

Comemore as PEQUENAS VITÓRIAS, *pois são elas que farão*

Você se manter firme até alcançar as GRANDES VITÓRIAS!

É muito comum as pessoas tomarem uma decisão e logo depois começarem a se questionar ou a colocar barreiras para fazer o que precisa ser feito.

Então, agora eu quero que você faça um compromisso com você mesma e comigo de que se **MANTERÁ FIRME e EXECUTARÁ** as ações que te aproximam dos seus objetivos.

Preparada?

Termo de Compromisso

Eu, _____ [nome completo], reconheço que a jornada para transformar a realidade de vida por meio do conteúdo nas redes sociais requer comprometimento e disciplina, e que isso pode ser aprimorado diariamente. Compreendo que a mudança de hábitos e a influência positiva que posso exercer em minha audiência dependem exclusivamente de mim. Portanto:

"Assumo o compromisso de dedicar-me integralmente à criação e ao compartilhamento de conteúdo significativo e inspirador em minhas redes sociais. Entendo que cada detalhe conta e prometo usar meu planner **Conteúdo Perfeito** *diariamente para garantir que meu conteúdo seja autêntico, útil e alinhado com minha missão de transformar vidas."*

Data: _____

_____
Assinatura

Passo 2
Defina o seu NICHO

A primeira coisa que você precisa saber antes de começar a criar conteúdo é quem é o seu público. Você sabe com quem fala?

Isso é essencial para que você utilize uma linguagem que se conecte verdadeiramente com essas pessoas. E, para identificar o seu público, é necessário primeiro entender sobre o tema que você abordará no seu perfil.

Para te ajudar nesse processo, você fará o teste de nicho. Ele é formado por algumas perguntas que foram desenvolvidas especialmente para que você consiga definir de fato o seu nicho.

Ranking dos nichos mais bem pagos do Instagram:

Existem alguns nichos que tendem a ser mais lucrativos, seja por terem um maior público interessado, como, por exemplo, moda, ou pelo fato de as pessoas estarem dispostas a pagar mais pelas soluções relacionadas, como, por exemplo: investimentos, transição de carreira.

Listamos a seguir o ranking dos nichos mais bem pagos do Instagram atualmente:

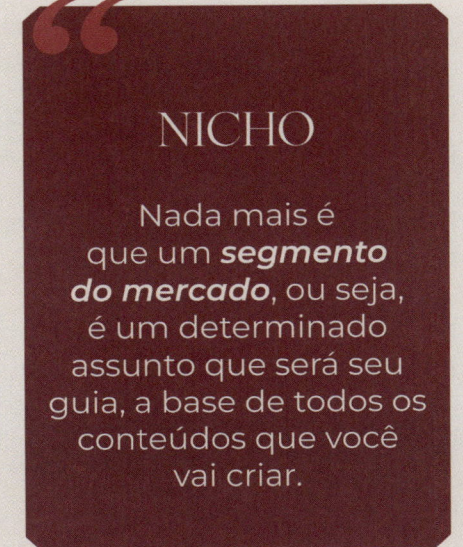

> **NICHO**
>
> Nada mais é que um *segmento do mercado*, ou seja, é um determinado assunto que será seu guia, a base de todos os conteúdos que você vai criar.

1. Moda
2. Transição de Carreira
3. Marketing Digital
4. Culinária
5. Educação
6. Finanças

Mas você não precisa se limitar a um dos nichos desse ranking para ter resultado. Na verdade, é necessário escolher aquele em que você tem alguma habilidade, paixão, experiência ou interesse e identificar uma necessidade, desejo, dores específicas que você possa ajudar as pessoas a alcançar ou resolver.

Então vamos descobrir como escolher o seu NICHO

TESTE PARA DEFINIR NICHO

O teste de nicho é separado em três pilares: posicionamento, pessoa e profissional.

No PILAR 1 você vai descobrir assuntos que tem interesse, vocação ou paixão.

No PILAR 2 você vai definir o quanto está disposto a falar sobre aquele assunto. Pois, para aumentar sua base de seguidores, é preciso falar disso constantemente, para que te vejam como referência no tema.

No PILAR 3 você deve refletir se gostaria de ganhar dinheiro com isso, para depois saber se existem pessoas que pagariam por esse produto ou serviço.

Agora que você refletiu sobre esses três pontos, responda:

01 | Quais os assuntos que você tem vocação, paixão e interesse *(liste no mínimo 3).*

1. _____
2. _____
3. _____
_____
_____
_____

02 | Desses três assuntos, alguns deles, ou todos eles, são assuntos os quais você está disposto a falar constantemente, mesmo que de **forma gratuita?**

_____
_____
_____
_____
_____
_____

03 | Desses assuntos, existem pessoas que pagariam para ouvir sobre eles? Você se vê trabalhando com isso?

_____
_____
_____
_____
_____

Na sequência, **complete a tabela** com o resumo das suas respostas:

ASSUNTO 1 _____ (Responda com base na pergunta 1)

	SIM	NÃO
Você tem um conhecimento acima do padrão neste assunto?	☐	☐
Você gosta de falar sobre este assunto para as pessoas? Mesmo que gratuitamente?	☐	☐
Tem pessoas que se interessam sobre este assunto?	☐	☐
Existem pessoas que pagariam para saber mais desse assunto?	☐	☐

ASSUNTO 2 _____

	SIM	NÃO
Você tem um conhecimento acima do padrão neste assunto?	☐	☐
Você gosta de falar sobre este assunto para as pessoas? Mesmo que gratuitamente?	☐	☐
Tem pessoas que se interessam sobre este assunto?	☐	☐
Existem pessoas que pagariam para saber mais desse assunto?	☐	☐

ASSUNTO 3 _____

	SIM	NÃO
Você tem um conhecimento acima do padrão neste assunto?	☐	☐
Você gosta de falar sobre este assunto para as pessoas? Mesmo que gratuitamente?	☐	☐
Tem pessoas que se interessam sobre este assunto?	☐	☐
Existem pessoas que pagariam para saber mais desse assunto?	☐	☐

Visualize aquele assunto que teve mais respostas SIM, pois esse está mais aliado aos seus objetivos e será o seu NICHO. FOCO NELE!

Seu NICHO *é:*

_____

Regra 80/20

Determinar o seu nicho não significa que você não pode falar sobre outros temas de que gosta, porém cuidado para não falar mais sobre outros assuntos do que sobre o seu próprio nicho.

O ideal é que você siga a regra do 80/20, que é 80% do seu conteúdo ser sobre o seu nicho e 20% sobre outros temas auxiliares, como vida pessoal, relacionamento, hobbies etc.

Por exemplo, a cada 10 posts, 8 são do seu nicho e 2 são livres.

Existem momentos que você pode fugir um pouco desse percentual, mas tente se manter nessa média.

Passo 3
Descubra as DORES *e* DESEJOS *do seu público*

A dor do seu seguidor pode ser entendida como um problema que ele está passando e que você consegue auxiliá-lo na solução por meio dos produtos ou serviços.

Essas dores são enfrentadas por todos os perfis:

- *Influenciadores.*
- *Prestadores de serviço/Profissionais Liberais.*
- *Empresas/Lojistas*

Entender quais são as dores do seu seguidor é essencial para saber como se comunicar com ele da forma certa e criar bons conteúdos.

Acompanhe a seguir algumas dores da minha audiência e, na sequência, defina as suas. Vamos lá?

Quais seriam os possíveis problemas e dores da minha audiência?

- *Quantas vezes postar na rede social?*
- *Qual é o passo a passo para crescer no Instagram?*
- *Como ficar melhor nas câmeras?*
- *Quando deve ou não usar hashtag?*

O que é óbvio para você, pode não ser para o seu público. Então, anote até aquelas dúvidas que você considera simples.

O seu CONTEÚDO *deve demostrar que você conhece o* PROBLEMA *da sua audiência e tem a* SOLUÇÃO *para eles.*

E como descobrir essas dores?

01 | Pergunte para pessoas próximas a você, quais seriam as 3 dúvidas que elas têm em relação ao assunto que você fala (seu nicho) e anote a seguir:

_____
_____
_____
_____
_____
_____

02 | Faça essa mesma pergunta para a sua audiência por meio dos seus stories. As pessoas vão te responder por direct ou na sua caixinha de perguntas. Faça perguntas mais específicas, ao invés de genéricas, para ter mais respostas.

Ex.: Qual sua dúvida sobre Instagram? (genérica) x Qual a sua dúvida na hora de postar o seu conteúdo? Ou na hora de planejar o seu conteúdo?(específicas).

_____
_____
_____
_____
_____
_____
_____

Além disso, a minha Inteligência Artificial te ajuda a definir as dores e desejos da sua audiência em segundos.

Ela ainda vai criar roteiros de posts virais já adaptados para o seu nicho!

O **Imparável Bot** fará **conteúdos criativos e atraentes** para o seu perfil, **24 horas** por dia, todos os dias da semana, sempre que você precisar!

🧠 IDEIAS DE CONTEÚDO	😍 SEQUÊNCIA DE STORIES ENVOLVENTES
🎥 ROTEIROS PARA REELS CRIATIVOS	🌟 CARROSSÉIS CHAMATIVOS
🤑 ROTEIROS DE ANÚNCIOS QUE VENDEM MUITO	📲 CRIA CONTEÚDO EM TODOS OS IDIOMAS

Passo 4
Crie a sua frase de TRANSFORMAÇÃO

Depois de definido o seu nicho e ter descoberto as dores da sua audiência, você precisa definir a transformação que vai gerar para as pessoas por meio do seu perfil.

Essa transformação deve ser:

- **Simples.**
- **Fácil de entender.**
- **Clara e objetiva.**

Decidida a transformação que você gera para as pessoas, é preciso comunicar isso para a sua audiência por meio de uma frase que vai resumir de uma maneira simples e clara o que você faz, como faz e para quem.

Na minha bio, eu não falo coisas gigantescas para atrair a audiência, é justamente o contrário. Você deverá escolher uma frase que seja prática e direta ao ponto, certo?

Quando você cria algo megadiferente e complicado, fica mais difícil para quem não te conhece entender a transformação que você gera.

Com uma frase de transformação bem estruturada, é possível demonstrar ao público que esse é o perfil certo para ele.

O que deve ter na frase de transformação, em ordem de relevância:

> **01** | O que você faz e o que elas vão encontrar no seu perfil. Anote palavras e vá formando frases até você encontrar a que melhor te descreve e que gere também mais impacto ou curiosidade.
>
> **02** | Para quem é essa transformação?
>
> Informações importantes para o seu público (Ex.: para homens ou mulheres? Adultos, idosos ou crianças? Todos os tamanhos ou plus size? etc.)

Como o espaço para inserir essa frase é pequeno para passar a sua mensagem (existe limitação de tamanho no Instagram), use com sabedoria e de forma estratégica.

Agora, vou te dar alguns exemplos de três diferentes perfis de público e como podemos criar uma frase adequada para cada um deles.

1. Influenciadores

Influenciadora de achadinhos de fast fashion.
Ex.: Economize com os melhores achados de fast fashion.

2. Prestadores de Serviço / Profissionais Liberais

Psicóloga focada em tratar traumas de infância.
Ex.: Cure o seu passado para ter um hoje mais leve.

3. Empresas / Lojistas

Loja de vestido de festa que tenha um estilo elegante.
Ex.: A marca de vestidos de festa mais elegante de São Paulo.

Passo 5
Estruture o TOPO DO PERFIL

Username

O nome de usuário é como as pessoas vão te encontrar no Instagram.

Por isso, busque usar o seu nome! Esse será o nome que ficará mais forte e você ficará conhecido por ele.

Depois que o seu perfil crescer fica, mais difícil você trocar o seu nome de perfil, porque ele se transformará na sua marca. Então, você pode ficar preso a um nome que depois você pode não querer mais utilizar.

USE UM NOME SIMPLES E CURTO

Tudo hoje na internet é muito rápido, as pessoas não têm muita paciência para ficar procurando perfis difíceis de encontrar, de marcar, porque tem que digitar um nome muito grande.

Além disso, é mais difícil de as pessoas se lembrarem do nome todo ou de te encontrarem na busca.

TENTE NÃO USAR CARACTERES

Opte por letras em vez de símbolos, como underline, pontos, asteriscos etc. A facilidade de escrever o nome para a ferramenta de busca também é muito importante.

Como funciona a ferramenta
DE BUSCA DO INSTAGRAM

Ordem da ferramenta de busca:

1. Amigos ou seguidores em comum.
2. Proximidade (localização).
3. Pessoas com muitos seguidores.

O Instagram entende que as pessoas mais próximas podem te interessar mais (seja em relação à sua localização ou às pessoas próximas a você).

Ou que seja mais provável que você esteja buscando por um perfil maior (em número de seguidores). O intuito é facilitar a busca pelos usuários.

Foto do Perfil

A foto de perfil é a foto que vai estar no seu Instagram, ela serve para as pessoas identificarem e reconhecerem você nas redes sociais. Então, ela precisa passar exatamente a mensagem que você deseja transmitir.

Para te ajudar a entender um pouco mais sobre isso, faça o seguinte exercício:

- O que a sua foto de perfil comunica?
- A sua foto está passando a imagem certa para as pessoas que você quer alcançar?
- Qual a impressão você acredita que as pessoas que não te conhecem têm ao ver essa foto?

Sempre coloque uma foto que tem a ver com a identidade da sua marca.

Título

O título do Instagram é diferente do nome do usuário. O título é o nome que fica abaixo da sua foto de perfil e, geralmente, utiliza-se o nome pelo qual você é conhecido.

Para perfis menores, é indicado colocar junto ao título a sua área de atuação, porque ajuda na ferramenta de busca a encontrar um produto ou serviço de uma maneira muito mais fácil.

Ganhe seguidores qualificados com o título certo.

Quando vou procurar algum produto ou serviço, comumente a primeira coisa que eu faço é pesquisar no Instagram. Você também faz isso?

Ao pesquisar uma palavra na aba de pesquisa, o Instagram vai te mostrar:

- *Perfis com mais seguidores que usam esse título.*
- *Perfis que moram próximos da sua região.*
- *Perfis que seus amigos seguem desse nicho.*

Exemplo: Thaysa Stamato | Especialista em skincare
https://www.instagram.com/thayzaf_/

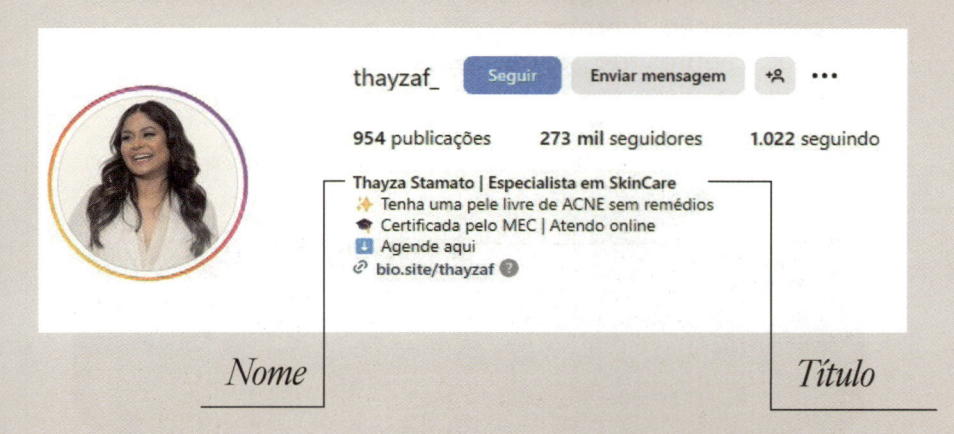

BIO

Conhecida como bio, a biografia possui uma descrição resumida sobre o perfil.

O maior erro das pessoas é achar que a bio é para falar sobre ela, mas em um perfil profissional que busca ganhar seguidores, a bio deve informar sobre o que o seguidor vai encontrar no perfil.

Vamos dividir a Bio em 3 linhas:

1ª LINHA: *"Você vai CRESCER e FATURAR no Instagram"*

Sua frase de transformação (explicação na pág. 33 deste planner).

2ª LINHA: *"Indicada pela Forbes aos 27 quando descobri o que vou te..."*

Autoridade que você possui

Caso você tenha algum feito na sua área, seja formação, especialização, premiação, número de vendas, número de alunos, clientes etc., é importante que você informe isso na sua bio.

Caso você não tenha, pode deixar essa informação em outro momento.

ATENÇÃO

Se você é prestador de serviço / profissional liberal, é importante informar se atende on-line. Se for atendimento presencial, colocar o endereço ou a cidade / estado.

3ª LINHA: *"liviabrasil.com.br"*
Chamada para a ação no link

Por meio do CTA (call to action = chamada para a ação) você convida o usuário a realizar uma ação desejada, seja entrar em contato com você, conhecer seu canal no YouTube, acessar o seu site, baixar algum material etc. Tudo depende do seu principal objetivo.

Pode ser alterada de acordo com a estratégia utilizada no momento. Cuidado com sua proposta, mas seja persuasivo. Deixe o link mais importante para você no momento.

Para Empresas / Lojistas

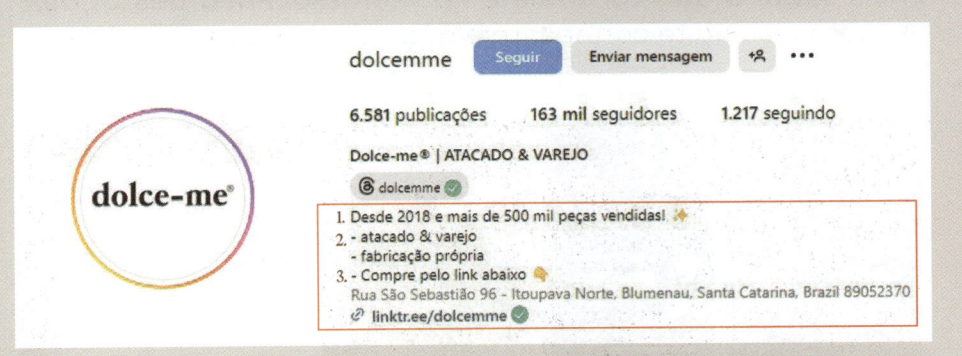

1ª LINHA: *"Desde 2018 e mais de 500 mil peças vendidas!"*
Sua frase de promessa da loja

2ª LINHA: *"Atacado e Varejo, fabricação própria"*
Informações sobre a sua empresa (por exemplo: atacado ou varejo, on-line ou loja física, endereço etc.)

3ª LINHA: *"Compre pelo link abaixo"*
Chamada para compra (escreva uma frase direta chamando as pessoas para comprar pelo link)

Passo 6

Crie DESTAQUES essenciais

Destaques são informações que você pode deixar no seu perfil como "continuação da sua biografia". É uma forma de você se apresentar para as pessoas, de mostrar um pouco mais sobre o que você fala e faz. Por isso: **Faça destaques!** As pessoas não te conhecem e não sabem do que você fala.

Campo	
User:	
Título:	
Bio:	
Nicho:	
CTA:	
Destaques:	

Indicações na imagem: USER, FOTO DE PERFIL, DESTAQUES, TÍTULO, TRANSFORMAÇÃO, CTA, LINK

Ao chegarem ao seu perfil, as pessoas têm que ter um conteúdo de fácil acesso para entenderem quem é você e sobre o que você fala. Isso é ainda mais importante se você for empresa.

DESTAQUES
que não podem faltar:

A seguir, irei listar os principais destaques para cada tipo de perfil. Os pontos listados são os assuntos que devem ser abordados, mas o título do destaque deve ser algo relacionado com o tema abordado.

Influenciadores

QUEM SOU...   CURSO   ALUNAS   COMO EDITO   Paris

1 - Destaque que conte a sua história:

Aqui, você vai contar a sua história de vida, porém relacionada ao seu nicho. Por exemplo, no meu destaque eu conto como eu comecei a ser influenciadora e a trabalhar nas redes sociais do zero. Você também pode adicionar informações pessoais, como princípios e valores, para as pessoas te conhecerem melhor.

2 - Feedback dos seus clientes e parceiros (se tiver)

Comprovação social sobre o seu trabalho. Mostre o que estão falando sobre você e sobre os produtos ou serviços que você indicou. Também coloque os elogios das suas parcerias sobre o seu trabalho e comprovações de resultados.

3 - Informações sobre o seu produto (se tiver)

Alguns influenciadores têm produtos digitais ou físicos. Se for o seu caso, explique os diferenciais do seu produto, feedback de clientes, dúvidas mais frequentes.

4 - Contato

Informar de qual forma as pessoas podem entrar em contato com você para te contratar. Colocar o WhatsApp ou e-mail comercial.

5 - Tutoriais

Crie conteúdos que ensinam algo para a sua audiência, mostrando autoridade e conhecimento sobre o seu nicho.

6 - Informações importantes

Colocar algum tema que bombou no seu perfil. Eventos que você participou. Viagens que você fez e que podem agregar ao seu trabalho.

Prestador de Serviços

1 - Quem você é?

Descreva como você entrou nesse mercado de trabalho. Por que você se destaca. Seu propósito nesse nicho. Suas formações. Se tiver alguma história de superação relacionada ao seu nicho é interessante inserir aqui.

2 - Depoimentos dos clientes

Prints ou fotos dos seus clientes com feedbacks do produto ou serviço. Fotos do resultado junto ao depoimento.

Importante: Se a pessoa não enviou feedback para você, peça para ela e confirme se pode publicar no seu perfil.

3 - Contato

Telefone ou WhatsApp. Endereço. Link de venda/agendamento.

4 - Clientes famosos (se tiver)

Crie um destaque exclusivo com pessoas de relevância que foram seus clientes na sua cidade ou país.

5 - Serviços que você faz

Antes e depois dos serviços. Explique os serviços e produtos principais que você possui. Bastidores da experiência do cliente fazendo os serviços.

Observação:
Divida os serviços principais cada um em um destaque. Por exemplo: cirurgia plástica – fazer um destaque só de lipo, outro de rinoplastia, outro de silicone.

6 - Autoridade

Participação em eventos. Viagem para congressos. Convite para dar uma palestra.

7 - Mostre temas importantes do seu nicho

Tire dúvidas muito comuns dos seus clientes, de forma simples e fácil de entender.

Observação:
Uma ótima forma de criar esse destaque é com resposta de caixinhas de perguntas.

8 - Vida pessoal: Conte um pouco sobre você

Família. Amigos. Viagens. Hobbies.

Empresa

Nosso ende... | POLITICA T... | 12 anos | Dicas | Horário Func

1 - História da empresa

Como ela surgiu, com fotos e vídeos. Quem são os donos da empresa. Equipe que trabalha na empresa.

2 - Endereço da empresa

Deixar claro se é empresa física ou on-line; Endereço escrito ou pelo Google Maps; Foto e vídeos da empresa física.

3 - Seu contato ou dos vendedores

Link do seu site (caso a empresa seja on-line). Colocar o link do contato direto do WhatsApp dos vendedores. Não se esquecer de colocar a chamada para ação: Compre aqui.

4 - Clientes (Mostrar os clientes usando seus produtos

Feedbacks dos clientes (Escolher os melhores que valorizam o produto). Cuidado com as imagens de qualidade ruim ou que não causem uma boa impressão do produto.

5 - Produtos

Criar um destaque com fotos e vídeos dos seus principais produtos, que gerem desejo, mas que sejam mais próximos da realidade, e não só fotos de estúdio. Ex.: Destaque para short, calça e cropped.

6 - Autoridade

Participação em eventos. Cursos para a equipe. Lançamento da coleção. Viagens para buscar referências.

7 - Pessoas famosas

Pessoas famosas na sua região ou na internet que utilizam seus produtos. Isso é muito bom para trazer confiança e autoridade para o seu perfil.

Passo 7

Cresça e engaje com o MÉTODO C.R.I.E.I.

Depois de definido seu nicho, identificados as dores e desejos do seu público e organizado o seu perfil, chegou a hora de fazer o planejamento da produção de conteúdo.

E para isso vamos começar entendendo um pouco mais sobre o funil de conteúdo, que é formado por conteúdos para:

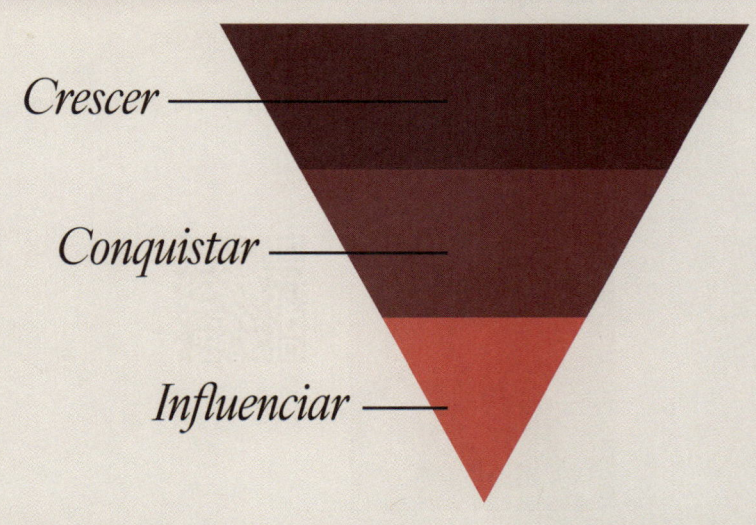

- Crescer
- Conquistar
- Influenciar

Se você observar a figura, ela está em formato de um triângulo invertido (um funil), dividido em três partes, que são os 3 níveis de conteúdo:

1. **Aumentar a base de seguidores (Crescer).**

2. **Criar relacionamento para ter a confiança de seus seguidores (Conquistar).**

3. **Ter retorno financeiro para se manter criando conteúdo (Influenciar).**

1. Aumentar a base de seguidores

Esse é o topo do funil, porque é onde fica a maioria das pessoas que terão contato com o seu conteúdo. Aqui estão todos os seguidores e visitantes do seu perfil.

Nem todo mundo que visualizar os seus posts vai te seguir e nem todos que te seguem vão te acompanhar diariamente.

Mas esse tipo de conteúdo é importante para atrair mais pessoas e fazer o seu perfil crescer.

> **Exemplo de conteúdos de topo de funil:** memes (do seu nicho), expectativa x realidade, trends (assuntos do momento) etc.
>
> **Use o QR Code para ver mais exemplos de aplicação:**

2. Conquistar a confiança dos seguidores

Esse é o meio do funil, formado pelas pessoas que consomem o seu conteúdo com frequência e se relacionam de algum modo com você.

Essa parte é essencial para se conectar com os seus seguidores e aumentar o nível de consciência deles sobre o que você fala e sobre a transformação que você propõe no seu perfil.

Exemplo de conteúdos de meio de funil:
checklists, histórias de superação, tutoriais, certo x errado, dia a dia, valores etc.

Use o QR Code para ver mais exemplos de aplicação

3. Influenciar por meio de indicações ou vendas de produtos / serviços

Esse é o fundo do funil, no qual estão as pessoas que já passaram por todas as outras fases e, por isso, são um percentual bem menor.

São aqueles que mais confiam em você e nas suas indicações, adquirindo os produtos / serviços que você vende ou indica.

Exemplo de conteúdos de fundo de funil:
demonstrações de uso, mostrar como você trabalha, vantagens, depoimentos de clientes, resultados etc.

Use o QR Code para ver mais exemplos de aplicação

Método
C.R.I.E.I.

Método C.R.I.E.I.

É preciso ter planejamento para ter resultados. E para que a sua produção de conteúdo esteja realmente alinhada com o seu objetivo, você já entendeu que necessário ter um nicho bem definido e conhecer as dores e desejos das pessoas que quer atingir. Esses pontos precisam estar claros e constantes na sua mente.

Mas depois de definido o nicho e conhecer o público, como produzir um conteúdo que atraia essas pessoas? Não saber o que postar é uma das maiores dificuldade de quem produz conteúdo no Instagram.

E é aí que o método C.R.I.E.I. vai te auxiliar.

Mas primeiro vamos ver a diferença de um perfil com foco (nicho bem definido) e um perfil sem foco (sem um nicho definido):

PERFIL SEM FOCO	PERFIL COM FOCO
✗ Toda semana fala sobre um assunto diferente.	✓ A maior parte do tempo fala sobre seu tema principal.
✗ Em uma semana está falando de maquiagem, na outra de decoração, na outra de moda etc.	✓ Tem foco no tema principal e cita na medida certa os temas auxiliares. Tema principal 80% e tema auxiliar 20%.
✗ As pessoas que chegaram interessadas na sua forma de falar sobre maquiagem talvez não queiram ver sobre decoração ou moda, e aí se confundem e saem daquele perfil.	✓ As pessoas que chegam no perfil por meio do seu assunto principal e ficam porque se conectam com a sua forma de comunicar.
✗ Não se torna autoridade.	✓ Se torna referência no seu tema e assim vira uma autoridade do segmento.
✗ Não tem crescimento.	✓ Cresce exponencialmente.

Todos os maiores perfis são lembrados por algo em que são referência.

E para se tornar referência na sua área, você vai utilizar o Método C.R.I.E.I. na sua produção de conteúdo e planejamento semanal.

O C.R.I.E.I. é uma sigla para os 5 tipos de conteúdo que me fizeram ganhar centenas de milhares de seguidores e viver de Instagram. Usando o C.R.I.E.I., você produzirá os 3 níveis de conteúdo, aumentando a sua base de seguidores, conquistando a confiança deles e influenciando verdadeiramente.

O que são as 5 siglas do C.R.I.E.I.?

C - *Conectar*

R - *Relacionar*

I - *Informar*

E - *Entreter*

I - *Inspirar*

Conectar

Esse tipo de post é para a audiência se ver na situação do seu conteúdo e, assim, perceber que você conhece os problemas e dificuldades que elas têm.

Se você vende produtos, o cliente precisa ver que o seu produto resolve o problema dele.

Exemplos:

Influenciador

Empresas

Prestador de Serviços

Relacionar

Humanize o seu perfil, as pessoas gostam de saber mais sobre quem estão seguindo, como você vive, como é o seu dia a dia, isso aumenta o grau de confiança em você e no que você fala ou indica.

Você não precisa fazer da sua vida um reality show. Você pode selecionar qual parte da sua vida pessoal faz sentido compartilhar.

Exemplos:

Influenciador    Empresas    Prestador de serviços

Informar

Você tem que dar conteúdo que ajude os seus seguidores a resolver problemas, dores, necessidades, dúvidas. Facilite a vida deles com tutoriais, listas, enquete, checklist etc.

Não tenha medo de dar a sua opinião como profissional da sua área, pois isso te destaca dos outros profissionais e mostra para as pessoas o que você sabe.

Exemplos:

Influenciador Empresas Prestador de serviços

Entreter

As pessoas estão no Instagram para se entreter e relaxar. Procure usar o seu tema também de uma forma leve e divertida, por meio de memes, vídeos com humor, dublagens, gifs, quiz etc.

Exemplos:

Influenciador

Empresas

Prestador de serviços

Inspirar

Compartilhe projetos, sucessos e sonhos. Divida histórias reais suas ou de outras pessoas para que os seus seguidores possam se espelhar. Mostre suas superações para motivá-las e acreditarem que também podem conquistar os seus objetivos.

No caso de empresas, você vai mostrar para o seu público como ele vai se sentir bem ou se destacar ao ter ou usar o seu produto.

Exemplos:

Influenciador  | Empresas  | Prestador de serviços

Use o C.R.I.E.I. em todas as ferramentas do Instagram, no Reels, Stories e Carrossel.

Todos esses tipos de conteúdo devem estar presentes no seu perfil para que você esteja sempre crescendo e aumentando o seu engajamento.

Não precisa postar todos os 5 tipos de conteúdo toda semana. Cada pessoa tem o seu estilo favorito e o que mais faz sentido para a sua audiência. Por exemplo, eu gosto muito mais de fazer post de informação, mas sempre insiro os demais tipos para que possa também me conectar, me relacionar, ou seja, me aproximar mais do meu público.

Você precisa transformar seu Instagram em algo lucrativo, para que possa dedicar mais tempo a produzir conteúdo e compartilhar seu conhecimento, ajudando cada vez mais pessoas.

da sua ajuda, que vão querer saber das suas ideias, mas a única forma de encontrar essas pessoas é aparecendo. É um ato de coragem, mas também de enorme generosidade dividir tudo que sabe.

"É um ato de CORAGEM,
mas também de enorme GENEROSIDADE
dividir tudo que sabe.

E ACREDITE,
no final é muito RECOMPENSADOR"

Passo 8

Organize sua PRODUÇÃO DE CONTEÚDO

01 | Defina quantos posts fará na semana e qual o formato deles (fotos, vídeo, carrossel, reels). O indicado é postar pelo menos 1 vez ao dia.

02 | Escreva os roteiros do conteúdo ou os pontos principais para facilitar na hora de produzir.

03 | Separe todo o material necessário para fazer esses posts (roupas, acessórios, itens de cenário etc.).

04 | Tire um ou dois dias para produzir todos os conteúdos.

05 | Edite as suas fotos e vídeos.

06 | Escreva uma legenda com CTA (chamada para ação) para fazer os seus seguidores interagirem com o seu post.

07 | Publique e interaja, respondendo todos os comentários (pelo menos nos primeiros 20 minutos).

08 | Analise as métricas dos seus posts e do seu perfil.

1 mês de CONTEÚDO para FEED

1 mês de CONTEÚDO para FEED

Ideias para 1 mês de postagem

Aqui estão **30 ideias para tipos de conteúdos virais** para o feed do Instagram, perfeitos para diversificar e engajar seu público ao longo do mês:

01
Expectativa *vs.* Realidade:

Mostre a diferença entre o ideal e o real no seu nicho para se conectar com seus seguidores.

02
Antes e Depois:

Mostre transformações, seja de produtos, ambientes ou pessoas.

03
Filmes relacionados ao seu nicho:

Compartilhe músicas ou filmes que falam de algo relacionado ao seu nicho.

04
Estudo de caso:

Apresente histórias de sucesso (sua ou de clientes) com resultados claros.

05
Curiosidades:

As pessoas amam curiosidades, então aborde alguma.

06
Reviews de clientes:

Publique depoimentos reais de clientes.

07
Tutoriais e Passo a Passo:

Ensine algo com um tutorial visual.

08
Momentos dos bastidores:

Mostre a rotina por trás da marca ou da sua vida.

09
Tópicos polêmicos:

Aborde um tema controverso de forma respeitosa e instigue a discussão.

10
Curiosidade sobre você:

Revela um fato divertido ou curioso sobre você.

11
Notícia do momento:

Tem alguma notícia ou assunto em alta no momento que você possa relacionar ao seu nicho?

12
Perguntas e respostas:

Responda uma caixinha de perguntas polêmica para engajar.

13
Enquetes e opiniões:

Incentive o público a interagir dando sua opinião.

14
Erros que cometeu:

Compartilhe algo que aprendeu com erros.

15
Meme relacionado ao nicho:

Use humor e memes para se conectar com a audiência.

16
Dicas de ferramentas ou apps:

Sugira ferramentas úteis para seu público.

17
Promoção limitada:

Ofereça um desconto ou promoção com tempo limitado.

18
Tendências do momento:

Participe de trends para o algoritmo impulsionar seu post.

19
Cases de famosos:

Relacione sua marca com exemplos de celebridades (se possível).

20
Dias especiais ou datas comemorativas:

Crie posts para datas relevantes ao seu público.

21
Vídeo demonstrativo:

Mostre um produto muito bom pro seu nicho em uso.

22
Depoimentos em vídeo:

Clientes reais contando suas experiências.

23
Estilo de vida visual:

Faça um vlog (pode ser do seu dia, empresa ou de um momento especial)

24
Dicas de estilo de vida:

Ideias que se conectem com o lifestyle do público.

25
Explique seu processo de criação:

Como você faz seu trabalho, os bastidores que todos amam ver.

26
Comparações:

Compare produtos, métodos ou tendências.

27
Checklist:

Crie uma lista de verificação útil para seus seguidores.

28
Fotos estéticas:

Todo mundo ama uma foto bonita.

29
Não faça isso...

Mostre o que a pessoa não pode fazer dentro da sua especialidade

30
História da sua vida ou Marca:

Compartilhe a sua trajetória e/ou da sua marca.

Esses conteúdos variam entre *informativos, divertidos e promocionais,* ideais para manter seu público engajado e tornar o perfil mais interessante e viral no Instagram!

15 dias de
CONTEÚDO
para STORIES

1 mês de CONTEÚDO para STORIES

Quando as pessoas não te conhecem ainda, elas não vão se interessar tanto pelo seu dia a dia, e é aí que entra o conteúdo dos stories.

Use os seus Stories para trazer conteúdo também para as pessoas, mas usando a linguagem da ferramenta. Lembre-se de que os Stories precisam sempre parecer como uma conversa com os seus seguidores ou como se eles estivessem participando de uma parte do seu dia.

> Crie conteúdo no formato de histórias, contando sempre de um modo dinâmico, mudando de lugar e posição para não parecer um monólogo longo e chato.

Aqui vão 15 ideias para postar nos Stories do Instagram e manter seu público envolvido e conectado:

01
Enquete:
Faça pesquisas para conhecer melhor seus seguidores e acertar ainda mais nos seus conteúdos.

02
Bastidores do dia:
Compartilhe cenas reais do que você está fazendo.

03
Contagem regressiva para um evento:
Use a função para criar expectativa para lançamentos ou lives.

04
Dicas e truques:

Poste dicas curtas e fáceis de consumir no dia a dia.

05
Ritual de autocuidado:

Mostre um momento de relaxamento, como skincare ou algo que você faz.

06
Pergunte aos seguidores:

Use a caixinha de perguntas para receber sugestões ou interagir.

07
Momentos divertidos ou engraçados:

Mostre algo engraçado que te aconteceu.

08
Feedback ou resenha de produtos:

Dê sua opinião sobre algo que usou.

09
Aconselhamento rápido:

Dê conselhos sobre vida, bem-estar ou negócios.

10
Bastidores do conteúdo:

Revele os bastidores por trás das suas fotos ou vídeos.

11
Papo sobre metas:

Conte suas metas e pergunte sobre as dos seguidores.

12
Dicas de organização:

Mostre como você organiza seu dia ou espaço.

13
Feedback dos Seguidores:

Reposte e responda mensagens dos seguidores.

14
Comparação de Produtos:

Mostre produtos e comente qual prefere.

15
"Um Dia na Minha Vida":

Conte uma história rápida de como foi o seu dia.

Aí você tem diversas ideias para iniciar o seu conteúdo em
STORIES

Com a prática, você perceberá que ficará cada vez **mais natural e rápido** e você terá ideias infinitas de conteúdo.

Não tenha medo de ser
REPETITIVA
as pessoas gostam de repetição.

E saiba que não são as mesmas pessoas que assistem seus STORIES *todos os dias.*

E, além disso, sempre tem GENTE NOVA *chegando.*

CHECKLIST *do que* NÃO *fazer no Instagram para um perfil de* SUCESSO

- [x] Sorteios.
- [x] Comprar seguidores.
- [x] Grupo de engajamento.
- [x] Palavrões / Xingamentos.
- [x] Ferir direitos autorais de terceiros: imagens e áudios com direitos autorais.
- [x] Autoflagelação.
- [x] Spam (mensagens iguais e repetidas em um mesmo post ou enviadas para vários perfis).
- [x] Exploração e maus-tratos de animais.
- [x] Nudez.
- [x] Textos de duplo sentido.
- [x] Incitações ao ódio.
- [x] Palavras ou hashtags proibidas (banidas do Instagram).

Confira as regras estabelecidas pelo Instagram para que o usuário use a plataforma. Você pode ler no seguinte link: **DIRETRIZES INSTAGRAM**

Leia o QR Code ao lado para acessar.

Anotações

JANEIRO

Objetivos do MÊS

Aqui você deve escrever suas metas de postagens, pode colocar ideias e conteúdos que deseja abordar no mês.

Metas	Prioridades
_____	_____
_____	_____
_____	_____
_____	_____
_____	_____
_____	_____
_____	_____
_____	_____
_____	_____
_____	_____
_____	_____
_____	_____
_____	_____
_____	_____
_____	_____
_____	_____

Ideias

Semana: ___/___/___ até ___/___/___

Agenda de Conteúdo

Faça seu planejamento semanal e marque ao lado quais conteúdos você usou, conforme o *método C.R.I.E.I.*

☐ ☐ ☐ ☐ ☐
C R I E I

_____

_____
_____
_____

Segunda	Terça	Quarta

Semana: ___/___/___ até ___/___/___

Agenda de Conteúdo

☐ ☐ ☐ ☐ ☐
C R I E I

Faça seu planejamento semanal e marque ao lado quais conteúdos você usou, conforme o **método C.R.I.E.I.**

_____
_____
_____
_____

Quinta	Sexta	Sábado	Domingo

Semana: ___/___/___ até ___/___/___

Agenda de Conteúdo

☐ ☐ ☐ ☐ ☐
C   R   I   E   I

Faça seu planejamento semanal e marque ao lado quais conteúdos você usou, conforme o **método C.R.I.E.I.**

_____
_____
_____
_____

Segunda	*Terça*	*Quarta*

Semana: ___/___/___ até ___/___/___

Agenda de Conteúdo

☐ ☐ ☐ ☐ ☐
C R I E I

Faça seu planejamento semanal e marque ao lado quais conteúdos você usou, conforme o **método C.R.I.E.I.**

_____
_____
_____
_____

Quinta	Sexta	Sábado	Domingo

Semana: ___/___/___ até ___/___/___

Agenda de Conteúdo

☐ ☐ ☐ ☐ ☐
C   R   I   E   I

Faça seu planejamento semanal e marque ao lado quais conteúdos você usou, conforme o **método C.R.I.E.I.**

_____
_____
_____

Segunda	Terça	Quarta

Semana: ___/___/___ até ___/___/___

Agenda de Conteúdo

Faça seu planejamento semanal e marque ao lado quais conteúdos você usou, conforme o *método C.R.I.E.I.*

☐ ☐ ☐ ☐ ☐
C R I E I

_____
_____
_____
_____

Quinta	Sexta	Sábado	Domingo

Semana: ___/___/___ até ___/___/___

Agenda de Conteúdo

☐ ☐ ☐ ☐ ☐
C R I E I

Faça seu planejamento semanal e marque ao lado quais conteúdos você usou, conforme o **método C.R.I.E.I.**

_____
_____
_____

Segunda	Terça	Quarta

Semana: ___/___/___ até ___/___/___

Agenda de Conteúdo

☐ ☐ ☐ ☐ ☐
C R I E I

Faça seu planejamento semanal e marque ao lado quais conteúdos você usou, conforme o **método C.R.I.E.I.**

_____
_____
_____

Quinta	Sexta	Sábado	Domingo

Rastreie seus RESULTADOS

Número de seguidores

| SUA META | RESULTADO |

Faturamento

| SUA META | RESULTADO |

Aprendizados

Anote quais foram os aprendizados que você tirou dessa semana. Quais foram os desafios e dificuldades. O que você precisa superar?
_____
_____

Destaques

Quais foram as conquistas e realizações deste mês? Anote os momentos bons para que possam te motivar nos dias difíceis.
_____
_____

Rastreador de conteúdo

Quais e quantos conteúdos do C.R.I.E.I. você produziu?
_____
_____

FEVEREIRO

Objetivos do MÊS

Aqui você deve escrever suas metas de postagens, pode colocar ideias e conteúdos que deseja abordar no mês.

Metas

_____
_____
_____
_____
_____
_____
_____
_____
_____
_____
_____
_____
_____
_____
_____
_____

Prioridades

_____
_____
_____
_____
_____
_____
_____
_____
_____
_____
_____
_____
_____
_____
_____
_____

Ideias

Semana: ___/___/___ até ___/___/___

Agenda de Conteúdo

☐ ☐ ☐ ☐ ☐
C R I E I

Faça seu planejamento semanal e marque ao lado quais conteúdos você usou, conforme o **método C.R.I.E.I.**

_____
_____
_____

Segunda	Terça	Quarta

Semana: ___/___/___ até ___/___/___

Agenda de Conteúdo

☐ ☐ ☐ ☐ ☐
C R I E I

Faça seu planejamento semanal e marque ao lado quais conteúdos você usou, conforme o **método C.R.I.E.I.**

_____
_____
_____
_____

Quinta	Sexta	Sábado	Domingo

Semana: ___/___/___ até ___/___/___

Agenda de Conteúdo

☐ ☐ ☐ ☐ ☐
C   R   I   E   I

Faça seu planejamento semanal e marque ao lado quais conteúdos você usou, conforme o **método C.R.I.E.I.**

_____
_____
_____
_____

Segunda	*Terça*	*Quarta*

Semana: ___/___/___ até ___/___/___

Agenda de Conteúdo

☐ ☐ ☐ ☐ ☐
C R I E I

Faça seu planejamento semanal e marque ao lado quais conteúdos você usou, conforme o **método C.R.I.E.I.**

_____
_____
_____

Quinta	Sexta	Sábado	Domingo

Semana: ___/___/___ até ___/___/___

Agenda de Conteúdo

☐ ☐ ☐ ☐ ☐
C R I E I

Faça seu planejamento semanal e marque ao lado quais conteúdos você usou, conforme o ***método C.R.I.E.I.***

_____
_____
_____

Segunda	*Terça*	*Quarta*

Semana: ___/___/___ até ___/___/___

Agenda de Conteúdo

☐ ☐ ☐ ☐ ☐
C R I E I

Faça seu planejamento semanal e marque ao lado quais conteúdos você usou, conforme o **método C.R.I.E.I.**

_____
_____
_____

Quinta	*Sexta*	*Sábado*	*Domingo*

Semana: ___/___/___ até ___/___/___

Agenda de Conteúdo

Faça seu planejamento semanal e marque ao lado quais conteúdos você usou, conforme o **método C.R.I.E.I.**

☐ ☐ ☐ ☐ ☐
C R I E I

_____
_____
_____

Segunda	*Terça*	*Quarta*

Semana: ___/___/___ até ___/___/___

Agenda de Conteúdo

☐ ☐ ☐ ☐ ☐
C R I E I

Faça seu planejamento semanal e marque ao lado quais conteúdos você usou, conforme o **método C.R.I.E.I.**

Quinta	*Sexta*	*Sábado*	*Domingo*

Rastreie seus RESULTADOS

Número de seguidores

| SUA META | RESULTADO |

Faturamento

| SUA META | RESULTADO |

Aprendizados

Anote quais foram os aprendizados que você tirou dessa semana. Quais foram os desafios e dificuldades. O que você precisa superar?

_____
_____

Destaques

Quais foram as conquistas e realizações deste mês? Anote os momentos bons para que possam te motivar nos dias difíceis.

_____
_____

Rastreador de conteúdo

Quais e quantos conteúdos do C.R.I.E.I. você produziu?

_____
_____

MARÇO

Objetivos do MÊS

Aqui você deve escrever suas metas de postagens, pode colocar ideias e conteúdos que deseja abordar no mês.

Metas	Prioridades

Ideias

Semana: ___/___/___ até ___/___/___

Agenda de Conteúdo

☐ ☐ ☐ ☐ ☐
C R I E I

Faça seu planejamento semanal e marque ao lado quais conteúdos você usou, conforme o **método C.R.I.E.I.**

_____
_____
_____

Segunda	Terça	Quarta

Semana: ___/___/___ até ___/___/___

Agenda de Conteúdo

☐ ☐ ☐ ☐ ☐
C R I E I

Faça seu planejamento semanal e marque ao lado quais conteúdos você usou, conforme o **método C.R.I.E.I.**

_____
_____
_____
_____

Quinta	Sexta	Sábado	Domingo

Semana: ___/___/___ até ___/___/___

Agenda de Conteúdo

Faça seu planejamento semanal e marque ao lado quais conteúdos você usou, conforme o *método C.R.I.E.I.*

☐ ☐ ☐ ☐ ☐
C R I E I

_____
_____
_____

Segunda	*Terça*	*Quarta*

Semana: ___/___/___ até ___/___/___

Agenda de Conteúdo

☐ ☐ ☐ ☐ ☐
C R I E I

Faça seu planejamento semanal e marque ao lado quais conteúdos você usou, conforme o **método C.R.I.E.I.**

_____
_____
_____

Quinta	Sexta	Sábado	Domingo

Semana: ___/___/___ até ___/___/___

Agenda de Conteúdo

Faça seu planejamento semanal e marque ao lado quais conteúdos você usou, conforme o **método C.R.I.E.I.**

☐ ☐ ☐ ☐ ☐
C R I E I

_____

_____

_____

_____

Segunda	*Terça*	*Quarta*

Semana: ___/___/___ até ___/___/___

Agenda de Conteúdo

☐ ☐ ☐ ☐ ☐
C R I E I

Faça seu planejamento semanal e marque ao lado quais conteúdos você usou, conforme o **método C.R.I.E.I.**

_____
_____
_____
_____

Quinta	Sexta	Sábado	Domingo

Semana: ___/___/___ até ___/___/___

Agenda de Conteúdo

☐ ☐ ☐ ☐ ☐
C R I E I

Faça seu planejamento semanal e marque ao lado quais conteúdos você usou, conforme o **método C.R.I.E.I.**

_____
_____
_____

Segunda	Terça	Quarta

Semana: ___/___/___ até ___/___/___

Agenda de Conteúdo

Faça seu planejamento semanal e marque ao lado quais conteúdos você usou, conforme o *método C.R.I.E.I.*

☐ ☐ ☐ ☐ ☐
C   R   I   E   I

Quinta	Sexta	Sábado	Domingo

Rastreie seus RESULTADOS

Número de seguidores

| SUA META | RESULTADO |

Faturamento

| SUA META | RESULTADO |

Aprendizados

Anote quais foram os aprendizados que você tirou dessa semana. Quais foram os desafios e dificuldades. O que você precisa superar?
_____
_____

Destaques

Quais foram as conquistas e realizações deste mês? Anote os momentos bons para que possam te motivar nos dias difíceis.
_____
_____

Rastreador de conteúdo

Quais e quantos conteúdos do C.R.I.E.I. você produziu?
_____
_____

ABRIL

Objetivos do MÊS

Aqui você deve escrever suas metas de postagens, pode colocar ideias e conteúdos que deseja abordar no mês.

Metas	Prioridades

Ideias

Semana: ___/___/___ até ___/___/___

Agenda de Conteúdo

Faça seu planejamento semanal e marque ao lado quais conteúdos você usou, conforme o **método C.R.I.E.I.**

☐ ☐ ☐ ☐ ☐
C R I E I

_____
_____
_____
_____

Segunda	Terça	Quarta

Semana: ___/___/___ até ___/___/___

Agenda de Conteúdo

☐ ☐ ☐ ☐ ☐
C R I E I

Faça seu planejamento semanal e marque ao lado quais conteúdos você usou, conforme o **método C.R.I.E.I.**

_____
_____
_____
_____

Quinta	*Sexta*	*Sábado*	*Domingo*

Semana: ____/____/____ até ____/____/____

Agenda de Conteúdo

Faça seu planejamento semanal e marque ao lado quais conteúdos você usou, conforme o *método C.R.I.E.I.*

☐ ☐ ☐ ☐ ☐
C R I E I

_____
_____
_____

Segunda	Terça	Quarta

Semana: ___/___/___ até ___/___/___

Agenda de Conteúdo

☐ ☐ ☐ ☐ ☐
C R I E I

Faça seu planejamento semanal e marque ao lado quais conteúdos você usou, conforme o **método C.R.I.E.I.**

_____
_____
_____
_____

Quinta	Sexta	Sábado	Domingo

Semana: ___/___/___ até ___/___/___

Agenda de Conteúdo

☐ ☐ ☐ ☐ ☐
C R I E I

Faça seu planejamento semanal e marque ao lado quais conteúdos você usou, conforme o **método C.R.I.E.I.**

_____
_____
_____

Segunda	Terça	Quarta

Semana: ___/___/___ até ___/___/___

Agenda de Conteúdo

☐ ☐ ☐ ☐ ☐
C R I E I

Faça seu planejamento semanal e marque ao lado quais conteúdos você usou, conforme o **método C.R.I.E.I.**

_____
_____
_____
_____

Quinta	Sexta	Sábado	Domingo

Semana: ___/___/___ até ___/___/___

Agenda de Conteúdo

Faça seu planejamento semanal e marque ao lado quais conteúdos você usou, conforme o **método C.R.I.E.I.**

☐ ☐ ☐ ☐ ☐
C R I E I

_____

_____
_____
_____

Segunda	Terça	Quarta

Semana: ___/___/___ até ___/___/___

Agenda de Conteúdo

☐ ☐ ☐ ☐ ☐
C R I E I

Faça seu planejamento semanal e marque ao lado quais conteúdos você usou, conforme o **método C.R.I.E.I.**

_____
_____
_____
_____

Quinta	*Sexta*	*Sábado*	*Domingo*

Rastreie seus RESULTADOS

Número de seguidores

| SUA META | RESULTADO |

Faturamento

| SUA META | RESULTADO |

Aprendizados

Anote quais foram os aprendizados que você tirou dessa semana. Quais foram os desafios e dificuldades. O que você precisa superar?
_____
_____

Destaques

Quais foram as conquistas e realizações deste mês? Anote os momentos bons para que possam te motivar nos dias difíceis.
_____
_____

Rastreador de conteúdo

Quais e quantos conteúdos do C.R.I.E.I. você produziu?
_____
_____

MAIO

Objetivos do MÊS

Aqui você deve escrever suas metas de postagens, pode colocar ideias e conteúdos que deseja abordar no mês.

Metas

_____
_____
_____
_____
_____
_____
_____
_____
_____
_____
_____
_____
_____
_____
_____
_____
_____

Prioridades

_____
_____
_____
_____
_____
_____
_____
_____
_____
_____
_____
_____
_____
_____
_____
_____
_____

Ideias

Semana: ___/___/___ até ___/___/___

Agenda de Conteúdo

☐ ☐ ☐ ☐ ☐
C R I E I

Faça seu planejamento semanal e marque ao lado quais conteúdos você usou, conforme o **método C.R.I.E.I.**

Segunda	Terça	Quarta

Semana: ___/___/___ até ___/___/___

Agenda de Conteúdo

☐ ☐ ☐ ☐ ☐
C R I E I

Faça seu planejamento semanal e marque ao lado quais conteúdos você usou, conforme o **método C.R.I.E.I.**

_____
_____
_____
_____

Quinta	Sexta	Sábado	Domingo

Semana: ___/___/___ até ___/___/___

Agenda de Conteúdo

☐ ☐ ☐ ☐ ☐
C   R   I   E   I

Faça seu planejamento semanal e marque ao lado quais conteúdos você usou, conforme o *método C.R.I.E.I.*

_____
_____
_____

Segunda	Terça	Quarta

Semana: ___/___/___ até ___/___/___

Agenda de Conteúdo

☐ ☐ ☐ ☐ ☐
C R I E I

Faça seu planejamento semanal e marque ao lado quais conteúdos você usou, conforme o **método C.R.I.E.I.**

_____
_____
_____
_____

Quinta	Sexta	Sábado	Domingo

Semana: ___/___/___ até ___/___/___

Agenda de Conteúdo

☐ ☐ ☐ ☐ ☐
C R I E I

Faça seu planejamento semanal e marque ao lado quais conteúdos você usou, conforme o *método C.R.I.E.I.*

_____
_____
_____

Segunda	Terça	Quarta

Semana: ___/___/___ até ___/___/___

Agenda de Conteúdo

Faça seu planejamento semanal e marque ao lado quais conteúdos você usou, conforme o **método C.R.I.E.I.**

☐ ☐ ☐ ☐ ☐
C R I E I

_____
_____
_____
_____

Quinta	Sexta	Sábado	Domingo

Semana: ___/___/___ até ___/___/___

Agenda de Conteúdo

Faça seu planejamento semanal e marque ao lado quais conteúdos você usou, conforme o **método C.R.I.E.I.**

☐ ☐ ☐ ☐ ☐
C R I E I

_____
_____
_____
_____

Segunda	*Terça*	*Quarta*

Semana: ___/___/___ até ___/___/___

Agenda de Conteúdo

Faça seu planejamento semanal e marque ao lado quais conteúdos você usou, conforme o **método C.R.I.E.I.**

☐ ☐ ☐ ☐ ☐
C R I E I

_____
_____
_____
_____

Quinta	Sexta	Sábado	Domingo

Rastreie seus RESULTADOS

Número de seguidores

| SUA META | RESULTADO |

Faturamento

| SUA META | RESULTADO |

Aprendizados

Anote quais foram os aprendizados que você tirou dessa semana. Quais foram os desafios e dificuldades. O que você precisa superar?
_____
_____

Destaques

Quais foram as conquistas e realizações deste mês? Anote os momentos bons para que possam te motivar nos dias difíceis.
_____
_____

Rastreador de conteúdo

Quais e quantos conteúdos do C.R.I.E.I. você produziu?
_____
_____

JUNHO

Objetivos do MÊS

Aqui você deve escrever suas metas de postagens, pode colocar ideias e conteúdos que deseja abordar no mês.

Metas	Prioridades
_____	_____
_____	_____
_____	_____
_____	_____
_____	_____
_____	_____
_____	_____
_____	_____
_____	_____
_____	_____
_____	_____
_____	_____
_____	_____
_____	_____
_____	_____
_____	_____

Ideias

Semana: ___/___/___ até ___/___/___

Agenda de Conteúdo

Faça seu planejamento semanal e marque ao lado quais conteúdos você usou, conforme o **método C.R.I.E.I.**

☐ ☐ ☐ ☐ ☐
C R I E I

_____
_____
_____
_____

Segunda	Terça	Quarta

Semana: ___/___/___ até ___/___/___

Agenda de Conteúdo

☐ ☐ ☐ ☐ ☐
C R I E I

Faça seu planejamento semanal e marque ao lado quais conteúdos você usou, conforme o *método C.R.I.E.I.*

_____
_____
_____
_____

Quinta	Sexta	Sábado	Domingo

Semana: ___/___/___ até ___/___/___

Agenda de Conteúdo

Faça seu planejamento semanal e marque ao lado quais conteúdos você usou, conforme o **método C.R.I.E.I.**

☐ ☐ ☐ ☐ ☐
C R I E I

_____
_____
_____
_____

Segunda	Terça	Quarta

Semana: ___/___/___ até ___/___/___

Agenda de Conteúdo

Faça seu planejamento semanal e marque ao lado quais conteúdos você usou, conforme o **método C.R.I.E.I.**

☐ ☐ ☐ ☐ ☐
C R I E I

_____
_____
_____
_____

Quinta	Sexta	Sábado	Domingo

Semana: ___/___/___ até ___/___/___

Agenda de Conteúdo

☐ ☐ ☐ ☐ ☐
C R I E I

Faça seu planejamento semanal e marque ao lado quais conteúdos você usou, conforme o **método C.R.I.E.I.**

_____
_____
_____

Segunda	*Terça*	*Quarta*

Semana: ___/___/___ até ___/___/___

Agenda de Conteúdo

☐ ☐ ☐ ☐ ☐
C R I E I

Faça seu planejamento semanal e marque ao lado quais conteúdos você usou, conforme o *método C.R.I.E.I.*

_____
_____
_____
_____

Quinta	Sexta	Sábado	Domingo

Semana: ___/___/___ até ___/___/___

Agenda de Conteúdo

Faça seu planejamento semanal e marque ao lado quais conteúdos você usou, conforme o **método C.R.I.E.I.**

☐ ☐ ☐ ☐ ☐
C R I E I

Segunda	Terça	Quarta

Semana: ___/___/___ até ___/___/___

Agenda de Conteúdo

Faça seu planejamento semanal e marque ao lado quais conteúdos você usou, conforme o **método C.R.I.E.I.**

☐ ☐ ☐ ☐ ☐
C R I E I

_____
_____
_____
_____
_____

Quinta	Sexta	Sábado	Domingo

Rastreie seus RESULTADOS

Número de seguidores

| SUA META | RESULTADO |

Faturamento

| SUA META | RESULTADO |

Aprendizados

Anote quais foram os aprendizados que você tirou dessa semana. Quais foram os desafios e dificuldades. O que você precisa superar?
_____
_____

Destaques

Quais foram as conquistas e realizações deste mês? Anote os momentos bons para que possam te motivar nos dias difíceis.
_____
_____

Rastreador de conteúdo

Quais e quantos conteúdos do C.R.I.E.I. você produziu?
_____
_____

JULHO

Objetivos do MÊS

Aqui você deve escrever suas metas de postagens, pode colocar ideias e conteúdos que deseja abordar no mês.

Metas	Prioridades

Ideias

Semana: ___/___/___ até ___/___/___

Agenda de Conteúdo

☐ ☐ ☐ ☐ ☐
C R I E I

Faça seu planejamento semanal e marque ao lado quais conteúdos você usou, conforme o **método C.R.I.E.I.**

Segunda	Terça	Quarta

Semana: ___/___/___ até ___/___/___

Agenda de Conteúdo

☐ ☐ ☐ ☐ ☐
C   R   I   E   I

Faça seu planejamento semanal e marque ao lado quais conteúdos você usou, conforme o **método C.R.I.E.I.**

_____
_____
_____
_____

Quinta	Sexta	Sábado	Domingo

Semana: ___/___/___ até ___/___/___

Agenda de Conteúdo

☐ ☐ ☐ ☐ ☐
C R I E I

Faça seu planejamento semanal e marque ao lado quais conteúdos você usou, conforme o *método C.R.I.E.I.*

_____
_____
_____

Segunda	Terça	Quarta

Semana: ___/___/___ até ___/___/___

Agenda de Conteúdo

☐ ☐ ☐ ☐ ☐
C   R   I   E   I

Faça seu planejamento semanal e marque ao lado quais conteúdos você usou, conforme o **método C.R.I.E.I.**

_____
_____
_____
_____

Quinta	*Sexta*	*Sábado*	*Domingo*

Semana: ___/___/___ até ___/___/___

Agenda de Conteúdo

☐ ☐ ☐ ☐ ☐
C R I E I

Faça seu planejamento semanal e marque ao lado quais conteúdos você usou, conforme o **método C.R.I.E.I.**

_____
_____
_____
_____

Segunda	*Terça*	*Quarta*

Semana: ___/___/___ até ___/___/___

Agenda de Conteúdo

☐ ☐ ☐ ☐ ☐
C R I E I

Faça seu planejamento semanal e marque ao lado quais conteúdos você usou, conforme o **método C.R.I.E.I.**

_____
_____
_____
_____

Quinta	Sexta	Sábado	Domingo

Semana: ___/___/___ até ___/___/___

Agenda de Conteúdo

☐ ☐ ☐ ☐ ☐
C R I E I

Faça seu planejamento semanal e marque ao lado quais conteúdos você usou, conforme o **método C.R.I.E.I.**

_____
_____
_____

Segunda	Terça	Quarta

Semana: ___/___/___ até ___/___/___

Agenda de Conteúdo

Faça seu planejamento semanal e marque ao lado quais conteúdos você usou, conforme o **método C.R.I.E.I.**

☐ ☐ ☐ ☐ ☐
C R I E I

_____
_____
_____
_____

Quinta	*Sexta*	*Sábado*	*Domingo*

Rastreie seus RESULTADOS

Número de seguidores

| SUA META | RESULTADO |

Faturamento

| SUA META | RESULTADO |

Aprendizados

Anote quais foram os aprendizados que você tirou dessa semana. Quais foram os desafios e dificuldades. O que você precisa superar?

_____
_____

Destaques

Quais foram as conquistas e realizações deste mês? Anote os momentos bons para que possam te motivar nos dias difíceis.

_____
_____

Rastreador de conteúdo

Quais e quantos conteúdos do C.R.I.E.I. você produziu?

_____
_____

AGOSTO

Objetivos do MÊS

Aqui você deve escrever suas metas de postagens, pode colocar ideias e conteúdos que deseja abordar no mês.

Metas

_____
_____
_____
_____
_____
_____
_____
_____
_____
_____
_____
_____
_____
_____
_____
_____
_____

Prioridades

_____
_____
_____
_____
_____
_____
_____
_____
_____
_____
_____
_____
_____
_____
_____
_____
_____

Ideias

Semana: ___/___/___ até ___/___/___

Agenda de Conteúdo

☐ ☐ ☐ ☐ ☐
C R I E I

Faça seu planejamento semanal e marque ao lado quais conteúdos você usou, conforme o **método C.R.I.E.I.**

_____
_____
_____

Segunda	*Terça*	*Quarta*

Semana: ___/___/___ até ___/___/___

Agenda de Conteúdo

☐ ☐ ☐ ☐ ☐
C R I E I

Faça seu planejamento semanal e marque ao lado quais conteúdos você usou, conforme o **método C.R.I.E.I.**

_____
_____
_____
_____

Quinta	Sexta	Sábado	Domingo

Semana: ___/___/___ até ___/___/___

Agenda de Conteúdo

☐ ☐ ☐ ☐ ☐
C R I E I

Faça seu planejamento semanal e marque ao lado quais conteúdos você usou, conforme o **método C.R.I.E.I.**

_____
_____
_____
_____

Segunda	Terça	Quarta

Semana: ___/___/___ até ___/___/___

Agenda de Conteúdo

Faça seu planejamento semanal e marque ao lado quais conteúdos você usou, conforme o *método C.R.I.E.I.*

☐ ☐ ☐ ☐ ☐
C R I E I

_____
_____
_____
_____

Quinta	*Sexta*	*Sábado*	*Domingo*

Semana: ___/___/___ até ___/___/___

Agenda de Conteúdo

☐ ☐ ☐ ☐ ☐
C R I E I

Faça seu planejamento semanal e marque ao lado quais conteúdos você usou, conforme o **método C.R.I.E.I.**

Segunda	Terça	Quarta

Semana: ___/___/___ até ___/___/___

Agenda de Conteúdo

☐ ☐ ☐ ☐ ☐
C R I E I

Faça seu planejamento semanal e marque ao lado quais conteúdos você usou, conforme o **método C.R.I.E.I.**

_____
_____
_____
_____

Quinta	Sexta	Sábado	Domingo

Semana: ___/___/___ até ___/___/___

Agenda de Conteúdo

☐ ☐ ☐ ☐ ☐
C R I E I

Faça seu planejamento semanal e marque ao lado quais conteúdos você usou, conforme o **método C.R.I.E.I.**

_____
_____
_____
_____

Segunda	Terça	Quarta

Semana: ___/___/___ até ___/___/___

Agenda de Conteúdo

☐ ☐ ☐ ☐ ☐
C R I E I

Faça seu planejamento semanal e marque ao lado quais conteúdos você usou, conforme o **método C.R.I.E.I.**

_____
_____
_____
_____

Quinta	Sexta	Sábado	Domingo

Rastreie seus RESULTADOS

Número de seguidores

| SUA META | RESULTADO |

Faturamento

| SUA META | RESULTADO |

Aprendizados

Anote quais foram os aprendizados que você tirou dessa semana. Quais foram os desafios e dificuldades. O que você precisa superar?

_____
_____

Destaques

Quais foram as conquistas e realizações deste mês? Anote os momentos bons para que possam te motivar nos dias difíceis.

_____
_____

Rastreador de conteúdo

Quais e quantos conteúdos do C.R.I.E.I. você produziu?

_____
_____

SETEMBRO

Objetivos do MÊS

Aqui você deve escrever suas metas de postagens, pode colocar ideias e conteúdos que deseja abordar no mês.

Metas	Prioridades

Ideias

Semana: ___/___/___ até ___/___/___

Agenda de Conteúdo

Faça seu planejamento semanal e marque ao lado quais conteúdos você usou, conforme o *método C.R.I.E.I.*

☐ ☐ ☐ ☐ ☐
C R I E I

_____

_____

_____

Segunda	Terça	Quarta

Semana: ___/___/___ até ___/___/___

Agenda de Conteúdo

Faça seu planejamento semanal e marque ao lado quais conteúdos você usou, conforme o *método C.R.I.E.I.*

☐ ☐ ☐ ☐ ☐
C R I E I

_____
_____
_____

Quinta	Sexta	Sábado	Domingo

Semana: ___/___/___ até ___/___/___

Agenda de Conteúdo

☐ ☐ ☐ ☐ ☐
C R I E I

Faça seu planejamento semanal e marque ao lado quais conteúdos você usou, conforme o **método C.R.I.E.I.**

_____
_____
_____

Segunda	*Terça*	*Quarta*

170

Semana: ___/___/___ até ___/___/___

Agenda de Conteúdo

Faça seu planejamento semanal e marque ao lado quais conteúdos você usou, conforme o **método C.R.I.E.I.**

☐ ☐ ☐ ☐ ☐
C R I E I

_____
_____
_____
_____

Quinta	*Sexta*	*Sábado*	*Domingo*

Semana: ___/___/___ até ___/___/___

Agenda de Conteúdo

☐ ☐ ☐ ☐ ☐
C   R   I   E   I

Faça seu planejamento semanal e marque ao lado quais conteúdos você usou, conforme o **método C.R.I.E.I.**

_____
_____
_____
_____

Segunda	Terça	Quarta

Semana: ___/___/___ até ___/___/___

Agenda de Conteúdo

☐ ☐ ☐ ☐ ☐
C R I E I

Faça seu planejamento semanal e marque ao lado quais conteúdos você usou, conforme o **método C.R.I.E.I.**

_____
_____
_____
_____

Quinta	Sexta	Sábado	Domingo

Semana: ___/___/___ até ___/___/___

Agenda de Conteúdo

☐ ☐ ☐ ☐ ☐
C R I E I

Faça seu planejamento semanal e marque ao lado quais conteúdos você usou, conforme o **método C.R.I.E.I.**

_____

_____

_____

Segunda	Terça	Quarta

Semana: ___/___/___ até ___/___/___

Agenda de Conteúdo

☐ ☐ ☐ ☐ ☐
C R I E I

Faça seu planejamento semanal e marque ao lado quais conteúdos você usou, conforme o **método C.R.I.E.I.**

_____
_____
_____
_____

Quinta	Sexta	Sábado	Domingo

Rastreie seus RESULTADOS

Número de seguidores

SUA META	RESULTADO

Faturamento

SUA META	RESULTADO

Aprendizados

Anote quais foram os aprendizados que você tirou dessa semana. Quais foram os desafios e dificuldades. O que você precisa superar?
_____
_____

Destaques

Quais foram as conquistas e realizações deste mês? Anote os momentos bons para que possam te motivar nos dias difíceis.
_____
_____

Rastreador de conteúdo

Quais e quantos conteúdos do C.R.I.E.I. você produziu?
_____
_____

OUTU-
-BRO

Objetivos do MÊS

Aqui você deve escrever suas metas de postagens, pode colocar ideias e conteúdos que deseja abordar no mês.

Metas	Prioridades
_____	_____
_____	_____
_____	_____
_____	_____
_____	_____
_____	_____
_____	_____
_____	_____
_____	_____
_____	_____
_____	_____
_____	_____
_____	_____
_____	_____
_____	_____

Ideias

Semana: ___/___/___ até ___/___/___

Agenda de Conteúdo

☐ ☐ ☐ ☐ ☐
C R I E I

Faça seu planejamento semanal e marque ao lado quais conteúdos você usou, conforme o **método C.R.I.E.I.**

_____
_____
_____

Segunda	Terça	Quarta

Semana: ___/___/___ até ___/___/___

Agenda de Conteúdo

Faça seu planejamento semanal e marque ao lado quais conteúdos você usou, conforme o **método C.R.I.E.I.**

☐ ☐ ☐ ☐ ☐
C R I E I

_____
_____
_____
_____

Quinta	*Sexta*	*Sábado*	*Domingo*

Semana: ___/___/___ até ___/___/___

Agenda de Conteúdo

Faça seu planejamento semanal e marque ao lado quais conteúdos você usou, conforme o **método C.R.I.E.I.**

☐ ☐ ☐ ☐ ☐
C R I E I

Segunda	Terça	Quarta

Semana: ___/___/___ até ___/___/___

Agenda de Conteúdo

☐ ☐ ☐ ☐ ☐
C   R   I   E   I

Faça seu planejamento semanal e marque ao lado quais conteúdos você usou, conforme o **método C.R.I.E.I.**

_____
_____
_____

Quinta	Sexta	Sábado	Domingo

Semana: ___/___/___ até ___/___/___

Agenda de Conteúdo

☐ ☐ ☐ ☐ ☐
C R I E I

Faça seu planejamento semanal e marque ao lado quais conteúdos você usou, conforme o **método C.R.I.E.I.**

_____
_____
_____

Segunda	Terça	Quarta

Semana: ___/___/___ até ___/___/___

Agenda de Conteúdo

☐ ☐ ☐ ☐ ☐
C R I E I

Faça seu planejamento semanal e marque ao lado quais conteúdos você usou, conforme o **método C.R.I.E.I.**

_____
_____
_____
_____

Quinta	Sexta	Sábado	Domingo

Semana: ___/___/___ até ___/___/___

Agenda de Conteúdo

☐ ☐ ☐ ☐ ☐
C R I E I

Faça seu planejamento semanal e marque ao lado quais conteúdos você usou, conforme o **método C.R.I.E.I.**

_____
_____
_____
_____

Segunda	Terça	Quarta

Semana: ___/___/___ até ___/___/___

Agenda de Conteúdo

☐ ☐ ☐ ☐ ☐
C R I E I

Faça seu planejamento semanal e marque ao lado quais conteúdos você usou, conforme o **método C.R.I.E.I.**

_____
_____
_____
_____

Quinta	Sexta	Sábado	Domingo

Rastreie seus RESULTADOS

Número de seguidores

| SUA META | RESULTADO |

Faturamento

| SUA META | RESULTADO |

Aprendizados

Anote quais foram os aprendizados que você tirou dessa semana. Quais foram os desafios e dificuldades. O que você precisa superar?
_____
_____

Destaques

Quais foram as conquistas e realizações deste mês? Anote os momentos bons para que possam te motivar nos dias difíceis.
_____
_____

Rastreador de conteúdo

Quais e quantos conteúdos do C.R.I.E.I. você produziu?
_____
_____

NOVEMBRO

Objetivos do MÊS

Aqui você deve escrever suas metas de postagens, pode colocar ideias e conteúdos que deseja abordar no mês.

Metas

_____
_____
_____
_____
_____
_____
_____
_____
_____
_____
_____
_____
_____
_____
_____
_____

Prioridades

_____
_____
_____
_____
_____
_____
_____
_____
_____
_____
_____
_____
_____
_____
_____
_____

Ideias

Semana: ___/___/___ até ___/___/___

Agenda de Conteúdo

Faça seu planejamento semanal e marque ao lado quais conteúdos você usou, conforme o **método C.R.I.E.I.**

☐ ☐ ☐ ☐ ☐
C R I E I

_____
_____
_____

Segunda	Terça	Quarta

Semana: ___/___/___ até ___/___/___

Agenda de Conteúdo

☐ ☐ ☐ ☐ ☐
C R I E I

Faça seu planejamento semanal e marque ao lado quais conteúdos você usou, conforme o **método C.R.I.E.I.**

_____
_____
_____
_____

Quinta	*Sexta*	*Sábado*	*Domingo*

| Semana: ___/___/___ até ___/___/___ |

Agenda de Conteúdo ☐ ☐ ☐ ☐ ☐
C R I E I

Faça seu planejamento semanal e marque ao lado quais conteúdos você usou, conforme o **método C.R.I.E.I.**

_____
_____
_____

Segunda	*Terça*	*Quarta*

Semana: ___/___/___ até ___/___/___

Agenda de Conteúdo

Faça seu planejamento semanal e marque ao lado quais conteúdos você usou, conforme o *método C.R.I.E.I.*

☐ ☐ ☐ ☐ ☐
C R I E I

_____
_____
_____
_____

Quinta	Sexta	Sábado	Domingo

Semana: ___/___/___ até ___/___/___

Agenda de Conteúdo

☐ ☐ ☐ ☐ ☐
C   R   I   E   I

Faça seu planejamento semanal e marque ao lado quais conteúdos você usou, conforme o **método C.R.I.E.I.**

_____
_____
_____

Segunda	Terça	Quarta

Semana: ___/___/___ até ___/___/___

Agenda de Conteúdo

Faça seu planejamento semanal e marque ao lado quais conteúdos você usou, conforme o **método C.R.I.E.I.**

☐ ☐ ☐ ☐ ☐
C R I E I

_____
_____
_____
_____

Quinta	Sexta	Sábado	Domingo

Semana: ___/___/___ até ___/___/___

Agenda de Conteúdo

☐ ☐ ☐ ☐ ☐
C R I E I

Faça seu planejamento semanal e marque ao lado quais conteúdos você usou, conforme o *método C.R.I.E.I.*

_____
_____
_____

Segunda	*Terça*	*Quarta*

Semana: ___/___/___ até ___/___/___

Agenda de Conteúdo

Faça seu planejamento semanal e marque ao lado quais conteúdos você usou, conforme o **método C.R.I.E.I.**

☐ ☐ ☐ ☐ ☐
C R I E I

_____
_____
_____
_____

Quinta	Sexta	Sábado	Domingo

Rastreie seus RESULTADOS

Número de seguidores

| SUA META | RESULTADO |

Faturamento

| SUA META | RESULTADO |

Aprendizados

Anote quais foram os aprendizados que você tirou dessa semana. Quais foram os desafios e dificuldades. O que você precisa superar?
_____
_____

Destaques

Quais foram as conquistas e realizações deste mês? Anote os momentos bons para que possam te motivar nos dias difíceis.
_____
_____

Rastreador de conteúdo

Quais e quantos conteúdos do C.R.I.E.I. você produziu?
_____
_____

DEZEMBRO

Objetivos do MÊS

Aqui você deve escrever suas metas de postagens, pode colocar ideias e conteúdos que deseja abordar no mês.

Metas	Prioridades

Ideias

Semana: ___/___/___ até ___/___/___

Agenda de Conteúdo

☐ ☐ ☐ ☐ ☐
C R I E I

Faça seu planejamento semanal e marque ao lado quais conteúdos você usou, conforme o **método C.R.I.E.I.**

_____
_____
_____
_____

Segunda	Terça	Quarta

Semana: ___/___/___ até ___/___/___

Agenda de Conteúdo

Faça seu planejamento semanal e marque ao lado quais conteúdos você usou, conforme o **método C.R.I.E.I.**

☐ ☐ ☐ ☐ ☐
C R I E I

_____
_____
_____
_____

Quinta	Sexta	Sábado	Domingo

Semana: ___/___/___ até ___/___/___

Agenda de Conteúdo

Faça seu planejamento semanal e marque ao lado quais conteúdos você usou, conforme o **método C.R.I.E.I.**

☐ ☐ ☐ ☐ ☐
C R I E I

_____
_____
_____

Segunda	*Terça*	*Quarta*

Semana: ___/___/___ até ___/___/___

Agenda de Conteúdo

☐ ☐ ☐ ☐ ☐
C R I E I

Faça seu planejamento semanal e marque ao lado quais conteúdos você usou, conforme o *método C.R.I.E.I.*

_____
_____
_____
_____

Quinta	Sexta	Sábado	Domingo

Semana: ___/___/___ até ___/___/___

Agenda de Conteúdo

☐ ☐ ☐ ☐ ☐
C R I E I

Faça seu planejamento semanal e marque ao lado quais conteúdos você usou, conforme o **método C.R.I.E.I.**

_____
_____
_____
_____

Segunda	*Terça*	*Quarta*

Semana: ___/___/___ até ___/___/___

Agenda de Conteúdo

☐ ☐ ☐ ☐ ☐
C R I E I

Faça seu planejamento semanal e marque ao lado quais conteúdos você usou, conforme o **método C.R.I.E.I.**

_____
_____
_____
_____

Quinta	*Sexta*	*Sábado*	*Domingo*

Semana: ___/___/___ até ___/___/___

Agenda de Conteúdo

Faça seu planejamento semanal e marque ao lado quais conteúdos você usou, conforme o *método C.R.I.E.I.*

☐ ☐ ☐ ☐ ☐
C R I E I

_____

_____
_____

Segunda	Terça	Quarta

Semana: ___/___/___ até ___/___/___

Agenda de Conteúdo

☐ ☐ ☐ ☐ ☐
C R I E I

Faça seu planejamento semanal e marque ao lado quais conteúdos você usou, conforme o **método C.R.I.E.I.**

_____
_____
_____
_____

Quinta	Sexta	Sábado	Domingo

Rastreie seus RESULTADOS

Número de seguidores

| SUA META | RESULTADO |

Faturamento

| SUA META | RESULTADO |

Aprendizados

Anote quais foram os aprendizados que você tirou dessa semana. Quais foram os desafios e dificuldades. O que você precisa superar?
_____
_____

Destaques

Quais foram as conquistas e realizações deste mês? Anote os momentos bons para que possam te motivar nos dias difíceis.
_____
_____

Rastreador de conteúdo

Quais e quantos conteúdos do C.R.I.E.I. você produziu?
_____
_____

Anotações

Admiração X

A comparação é perigosa e pode matar o seu propósito e o seu futuro. A inspiração nos mostra que é possível chegar lá e que se nos dedicarmos, nós também conseguimos.

A comparação é ruim das duas formas, para mais e para menos.

Quando você se compara com alguém que considera inferior a você e se acha melhor do que ela, isso gera soberba e arrogância no seu coração e impede você de aprender com aquela pessoa.

Nós podemos aprender até mesmo com bebês recém-nascidos, com crianças, com animais; então, abra o seu coração, você não é melhor do que ninguém, e mesmo com 1 milhão de seguidores, deve continuar sempre disposto a aprender.

Assim como a comparação é destrutiva quando nós olhamos para pessoas que estão alguns degraus acima do nosso e isso nos paralisa.

Quando você olha pra um criador de conteúdo que tem muitos equipamentos, estúdio, equipe e você diz:

> *"Eu NÃO CONSIGO FAZER o mesmo que ele, pois eu NÃO TENHO material suficiente e NINGUÉM me ajuda"*

Isso também te paralisa.

Outra comparação perigosa no nosso trabalho é a de números e visualizações. Muitas vezes, você olha para as pessoas que têm milhares de visualizações, milhares de seguidores e não começa.

Comparação

Porque pensa que os outros vão preferir acompanhar aquela pessoa famosa do que você.

Mas isso é um engano, pois as pessoas famosas têm menos tempo disponível para ajudar os seguidores. Muitas vezes, as pessoas querem aquele perfil menor, com menos seguidores, no qual ela vai ter uma conexão mais profunda com aquele criador de conteúdo e vai conseguir ser respondido e ajudado.

Todos nós temos um diferencial, e, na internet, 80% das pessoas estão consumindo e apenas 20% criando conteúdo, ainda tem muito espaço para crescer se você se dedicar.

A comparação pode matar seu propósito e o seu futuro! Mesmo que exista pessoas melhores ou piores que você, a sua vida não tem NADA a ver com a delas.

Se você não fizer a sua parte, vai continuar paralisado e reclamando para sempre. Mas se você fizer e permanecer assim por meses e anos, vai colher tantos frutos que seriam impossíveis de imaginar no início de tudo.

Então pare de se COMPARAR e comece a se INSPIRAR nos outros.

Quem compara
PARA

Quem admira
MIRA

Expectativa

Trabalho duro ──────────────→ Êxito

Realidade

Trabalho duro ──→ Alto ╲ ╱ Alto ╲ ╱ Alto ╲──→ Êxito
                 Problemas   Frustração
                    Fracasso

Agora que você já tem tudo para se **planejar**, é hora de entrar em ação e evoluir cada dia mais.

Utilize seu Instagram como ferramenta e faça posts **com tudo que aprendeu aqui.**

Para chegar no PRÓXIMO NÍVEL
assista ao vídeo especial que preparei
PARA VOCÊ

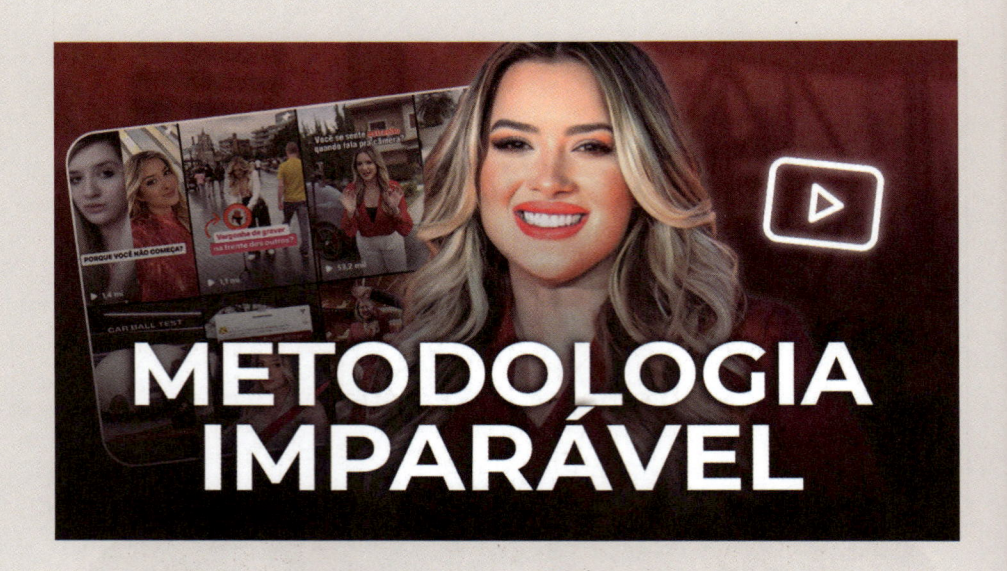

METODOLOGIA IMPARÁVEL

Você vai conquistar um perfil que *cresce e fatura* todos os dias!

Não se esqueça, 1% melhor a cada dia você se tornará IMPARÁVEL.

Eu acredito em VOCÊ!

Marque meu Instagram
@liviabrasilc usando seu Planner
que vou repostar os melhores!

Anotações

Anotações

Conteúdo Perfeito
Copyright © 2024 by Lívia Brasil
Copyright © 2024 by Novo Século Editora Ltda.

Editor: Luiz Vasconcelos
Aquisição: Karina Cayres
Coordenação editorial: Letícia Teófilo
Projeto gráfico e diagramação: MoodOn Digital
Revisão: Letícia Teófilo e Fabrícia Romaniv

Dados Internacionais de Catalogação na Publicação (CIP)
Angélica Ilacqua CRB-8/7057

Brasil, Lívia
   O conteúdo perfeito : o seu manual para saber exatamente o que postar todos os dias no Instagram e
rastrear seus resultados / Lívia Brasil. — São Paulo : Novo Século, 2024.
   224 p. : color.

ISBN 978-65-5561-850-1

1. Marketing digital I. Título

24-3900   CDD 658.8

2024
IMPRESSO NO BRASIL
PRINTED IN BRAZIL
DIREITOS CEDIDOS PARA ESTA EDIÇÃO À
NOVO SÉCULO

Alameda Araguaia, 2190 – Bloco A – 11º andar – Conjunto 1111
CEP 06455-000 – Alphaville Industrial, Barueri – SP – Brasil
Tel.: (11) 3699-7107 | E-mail: atendimento@gruponovoseculo.com.br
www.gruponovoseculo.com.br

É hora de colocar sua VOZ no mundo e INSPIRAR *as pessoas.*

Vamos juntas?

grupo novo século

Compartilhando propósitos e conectando pessoas

Visite nosso site e fique por dentro dos nossos lançamentos:
www.gruponovoseculo.com.br

- facebook/novoseculoeditora
- @novoseculoeditora
- @NovoSeculo
- novo século editora

gruponovoseculo.com.br

Fonte:
MONTSERRAT